Deko im amerikanischen Landhausstil

Mögen Sie die Dekorationen im rostigen Stil, die so schön antik aussehen? Gerade der Farbton von Rost strahlt Wärme und Gemütlichkeit aus. Die Kombination mit den einladenden Holzdekorationen im amerikanischen Landhausstil sieht einfach toll aus.

Die „naive Optik" des Landhausstils lässt kleine Fehler beim Sägen und beim Malen durchaus als gewollt erscheinen und ist somit auch für den Anfänger geeignet.

In diesem Buch finden Sie tolle Motive, die Ihr Zuhause, den Garten oder den Eingangsbereich verschönern oder Ihre Gäste ganz herzlich grüßen. Auch liebe Freunde freuen sich sicher über ein solch liebevoll selbst gearbeitetes Geschenk.

So, nun heißt es Säge, Holz und Blech herausholen und los geht's.
Viel Freude und Erfolg beim Sägen
und Basteln wünscht

Simone Gieshoff

Die Motive lassen sich in folgende Schwierigkeitsgrade unterteilen:

● ○ ○ einfach ● ● ○ etwas schwieriger ● ● ● anspruchsvoll

MATERIAL UND WERKZEUG

Folgende Materialien und Werkzeuge benötigen Sie für fast jede Idee im Buch. Die genauen Materialien finden Sie in der jeweiligen Materialliste.

- Aluminiumblech, 0,3 mm und 0,8 mm stark
- Pappel-Sperrholz, 4 mm, 6 mm und 12 mm stark
- Schmirgelpapier in grober und feiner Körnung
- Heftklammern
- Feile
- Bohrmaschine
- Bohrer, ø 1 mm, 1,5 mm, 2 mm, 2,5 mm, 3 mm, 6 mm, 8 mm und 10 mm
- Schraubzwinge
- Laubsäge oder Dekupiersäge
- Sägeblätter für Metall und Holz
- große, scharfe Schere
- Klebefilm
- UHU Alleskleber Kraft
- Heißklebepistole
- Holzleim
- Kopierpapier
- Bleistift
- Gelstift in Schwarz und Weiß
- matter Sprühlack
- matte Acrylfarbe
- Patina im Rostfarbton
- Entfetter (z. B. Terpentin)
- Haftgrundierung zum Sprühen oder Streichen
- Pinsel in verschiedenen Größen
- schmaler und breiter Borstenpinsel
- alte Zahnbürste
- feines Küchensieb
- Zahnstocher
- Küchenkrepp
- Dübel, ø 6 mm und 8 mm
- Nägel, 0,8 mm x 11 mm
- Hammer
- karierte Stoffreste
- Schleifenband in verschiedenen Farben
- Blumendraht in Schwarz lackiert, ø 0,6 mm
- Papierdraht in Natur und Weiß, ø 1 mm
- Seitenschneider

So geht es

Vorlagen übertragen

Zunächst werden die Motivteile auf das Holz bzw. das Blech übertragen. Empfohlen wird für das 4 mm starke Pappelsperrholz ein Holzlaubsägeblatt in Größe 3. Für das 6 mm und 12 mm starke Sperrholz wird jeweils ein Laubsägeblatt für Sperrholz in Größe 5 empfohlen. Für das Blech in 0,8 mm Stärke wird ein Eisensägeblatt in Größe 1 eingesetzt.
Das dünne Blech in 0,3 mm Stärke sollte mit einer kräftigen, scharfen Schere geschnitten werden. Da das dünne 0,3 mm starke Blech sich sehr schnell in dem Laubsägeblatt verfängt und dann springen kann, ist hier beim Sägen mit der Laubsäge eine Befestigung des Blechs auf einem dünnen Sperrholzbrett sinnvoll. Das Blech kann mit Heftklammern auf dem Holz befestigt werden.
Das Motiv wird mithilfe von Kopierpapier auf das Holz übertragen. Dazu das Kopierpapier mit der beschichteten Seite nach unten direkt auf das Holz legen. Die Vorlage darüber legen und die Konturen mit einem Bleistift nachziehen.

Motiv aussägen

Das Motiv mit einer Laub- oder Dekupiersäge sorgfältig aussägen. Zu beachten ist, dass immer mit einem geeigneten Sägeblatt gearbeitet wird. Für Holz verwendet man Holzsägeblätter, für Blech verwendet man Metallsägeblätter.

Löcher bohren und Kanten säubern

Nun werden die Löcher gebohrt. Hilfreich ist hier ein Restholz, das beim Bohren unter die vorgesehene Bohrung gelegt wird, damit die Bohrung nicht ausreißen kann.
Mit einer Feile oder mit Schmirgelpapier werden alle Kanten versäubert und entgratet. Besonders bei den Blechteilen ist darauf zu achten, dass keine scharfen Kanten mehr vorhanden sind.
Bei den meisten Holzobjekten sind die Kanten gebrochen, d. h. die Kanten sind mit einer Feile bzw. mit Schmirgelpapier abgerundet. Um den rustikalen Effekt zu verstärken, besteht die Möglichkeit die Kanten innerhalb eines Motivs ungleichmäßig stark zu brechen bzw. abzurunden.

Motive bemalen

Das Holzmotiv mit matter Acrylfarbe gemäß Angabe anmalen. Weiche Farbverläufe und Schattierungen werden durch sogenanntes **brushen** erreicht, indem mit einem trockenen Pinsel wenig Farbe aufgenommen wird. Den Pinsel auf Küchenkrepp solange abstreifen, bis kaum noch Farbe am Pinsel vorhanden ist. Nun den Pinsel über die Kante des Holzmotivs streichen oder die Wangen tupfen. Auch Trennlinien können auf diese Art verstärkt, bzw. hervorgehoben werden.
Ein weiterer Effekt beim Anmalen ist das **Sprenkeln**. Hierfür eine alte Zahnbürste in die gewünschte Acrylfarbe tupfen, überflüssige Farbe mit einem Küchenkrepp abnehmen und die Bürste mit ihren Borsten in einem feinen Küchensieb über dem gewünschten Objekt abstreifen, sodass die Farbe in kleinen Tropfen verteilt wird.
Die Motive sind längs der Kanten häufig mit unterbrochenen Wellenlinien mit Punkten, Kreuzchen sowie „Gänsefüßchen", die mit einem Gelstift gezeichnet werden, eingerahmt. Auch diese Verzierungen gehören zum unverwechselbaren, amerikanischen Landhausstil.

Rust-finish

Diese Technik verleiht dem Aluminumblech den Rost-Effekt.

1 Dazu wird das Blechmotiv mit Schmirgelpapier angeraut, d. h. die komplette Oberfläche wird geschmirgelt. Anschließend das Blech entfetten (z. B. mit Terpentin).

2 Nun auf das Blech Haftgrundierung aufsprühen oder mit einem Pinsel aufstreichen.

3 Nach dem Trocknen der Grundierung dunkelbraune, matte Acrylfarbe deckend mit einem Pinsel auftragen und wieder trocknen lassen.

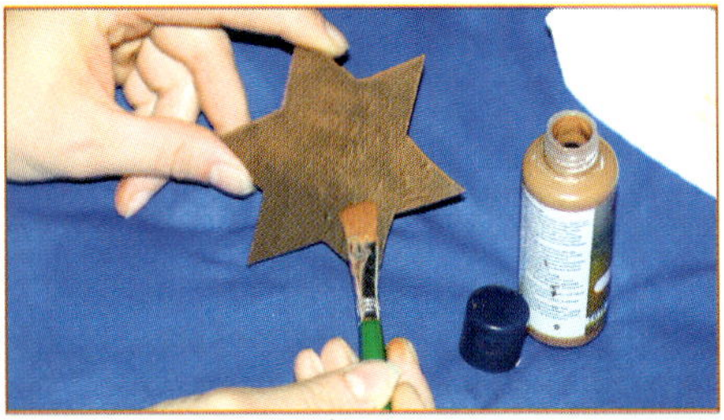

4 Etwas Patina-Farbe im Rostfarbton mit einem trockenen Borstenpinsel aufnehmen. Mit einem Küchenkrepp die Farbe fast komplett wieder aus

dem Pinsel bürsten, sodass kaum noch Farbe am Pinsel ist. Mit dem Pinsel leicht über das braun angemalte Aluminiumblech streichen. Immer von den Kanten zur Mitte hin arbeiten.

Motiv fertig stellen

Nun alle Einzelteile gemäß Vorlage mit UHU Alleskleber Kraft bzw. mit einer Heißklebepistole zusammenkleben oder bei Bedarf leimen. Das Objekt ggf. mit Accessoires wie. z. B. Stoff, Blumen etc. dekorieren.

Achtung: **Alle Teile, die Witterungseinflüssen ausgesetzt sind, müssen mit Lack geschützt werden. Dafür sollte Mattlack benutzt werden, um den Stil der Motive zu erhalten!**

Tipps und Tricks

- Beim Sägen mit der Laubsäge spannen Sie am besten einen Sägetisch mit einer Schraubzwinge an den Arbeitstisch. Achten Sie darauf, dass das Loch mit dem Schlitz vor dem Tisch ist. Das Motiv wird in dem Loch gesägt. Den Sägebogen sollten Sie beim Sägen waagerecht und parallel zum Unterarm halten. Drehen Sie immer nur das Holz, nie die Säge!
- Aluminiumblech findet man am häufigsten in Modellbaugeschäften oder im Baumarkt. Bei den meisten Modellen kann man auch etwas dünneres bzw. etwas dickeres Blech unter Berücksichtigung der entsprechenden Anwendung einsetzen. Bei einigen Modellen kann durchaus auch 0,3 mm starkes Aluminiumblech verwendet werden, das dann ohne Säge, nur mit einer guten, scharfen Schere geschnitten werden sollte.
- Um die Kanten zu brechen, eignet sich hervorragend ein Schleifklotz. Nehmen Sie ein Reststück von einem dickeren Holz, schlagen es mit einem Streifen Schmirgelpapier ein und befestigen dieses auf der Rückseite mit Heftklammern.
- Damit beim Bohren das Holz nicht ausreißt, legen Sie doch einfach ein altes Reststück unter die vorgesehene Bohrung!
- Schöne, karierte Stoffe erhalten Sie überall dort, wo es Patchwork-Stoffe gibt!
- Um den Draht spiralförmig zu biegen, wickeln Sie diesen um einen runden Stift und ziehen den Draht dann vorsichtig wieder ab.
- Das Ende von einem Schleifenband kann man mit einem Draht kurz vorher zusammenbinden. Es sieht nett aus und hat den Vorteil, dass es nicht ausfranst.
- Bei vielen Motiven wird eine Acrylfarbe in Dunkelbraun oder Rostbraun angegeben. Hier können Sie auch die Farbe von der Rust-Finish-Bearbeitung nehmen.

Hinweis: **Verzweifeln Sie nicht bei Fehlern. Gerade diese „naive“ Technik lässt kleine Fehler beim Sägen und beim Malen gewollt aussehen.**

It's Springtime

→ eine Kette fürs Fenster oder für die Vorhangstange

MOTIVGRÖSSE

55 cm x 10 cm

MATERIAL

- Sperrholz, 4 mm stark, 25 cm x 25 cm
- Aluminiumblech, 0,8 mm stark, 13 cm x 17 cm
- Acrylfarben in Zartrosa, Hellgrün, Weiß, Gelb und Dunkelbraun
- Bohrer, ø 1,5 mm
- Papierdraht in Weiß, ø 1mm, 1,2 m lang

VORLAGENBOGEN 1A

1 Die Blume, den Hasen und zweimal das Herz aus dem Holz und das Herz mit dem Schriftzug aus dem Blech aussägen.

2 Die Löcher bohren und die Holzteile gemäß Abbildung anmalen.

3 Die Herzen werden in Weiß gebrusht. Der Hase und die Blume werden in Dunkelbraun gebrusht. Das Gesicht vom Hasen mit Gelstift aufmalen und die Wangen in Rosa brushen. Dann die Blume und den Hasen auf die Herzen kleben.

4 Das Blechherz im Rust-finish bemalen, mit einem weißen Gelstift beschriften, mit einem Zahnstocher die Punkte in Zartrosa auftupfen und die Herzchen in Hellgrün malen.

5 Zum Abschluss die einzelnen Herzen mit Drahtstücken verbinden und den Draht spiralförmig biegen.

Tipp: Vielleicht verlängern Sie einfach die Kette um ein paar Herzen.

Home tweet home

→ kleine Vögel laden ein

MOTIVGRÖSSE
23 cm x 50 cm

MATERIAL
- Sperrholz, 12 mm stark, 10 cm x 20 cm
- Sperrholz, 4 mm stark, 10 cm x 20 cm
- Aluminiumblech, 0,8 mm stark, 20 cm x 20 cm
- Acrylfarben in Elfenbein und Rotwein
- Bohrer, ø 1 mm und 1,5 mm
- Papierdraht in Natur, ø 1 mm, 1 m lang
- Juteschleife in Creme, 6 cm breit, 50 cm lang
- 4 Nägel, 0,8 mm x 11 mm

VORLAGEN-BOGEN 1B

1 Das rechteckige Schild aus dem dicken, einen Vogelkörper und zweimal den Schnabel, sowie die Herzen aus dem dünnen Holz und einen weiteren Vogelkörper sowie das gewellte Schild aus dem Blech aussägen.

2 In das Blechschild gemäß Vorlage die 1 mm großen Löcher und die Aufhängelöcher mit dem 1,5 mm Bohrer anbringen.

3 Die Holzteile gemäß Abbildung anmalen. Den hellen Vogel und den hellen Schnabel mit Acrylfarbe in Rotwein brushen. Das Holzschild, die Herzen und der dunkle Schnabel werden in Elfenbein gebrusht. Die Blechteile im Rust-finish bemalen.

4 Das Blechschild beschriften und mit den kleinen Nägeln durch die Bohrung auf das Holzschild nageln. Die Herzen und die Schnäbel aufkleben.

5 Einen kurzen Draht durch die Löcher an den Vogelbäuchen ziehen und zu Vogelfüßen formen.

6 Zum Schluss alles mit dem Draht verbinden, diesen spiralförmig biegen und das Schild mit einer Juteschleife dekorieren.

Every bunny‘s welcome

→ ein Hase weist den Weg

1 Den Hasen aus dem dicken Sperrholz, die Nase und die Füße aus dem dünnen Sperrholz und die Möhre aus dem Blech aussägen.

2 Die Aufhängelöcher und die „Möhrengrün-Löcher“ gemäß dem Vorlagenbogen bohren.
Die Hasenteile laut Abbildung anmalen. Die Kanten des Hasen, der Hasenfüße und alle Trennlinien zunächst in Dunkelbraun und anschließend in Rostbraun brushen. Die Wangen, die Nase, die Fußmitte und die Bauchmitte werden leicht in Terracotta gebrusht. Nun können die Füße und die Nase aufgeklebt werden.

3 Die Möhre im Rust-finish bearbeiten und gemäß Abbildung beschriften und bemalen.
Den Stoff in neun Streifen von 20 cm x 1,5 cm schneiden. Einen Stoffstreifen bis zur Mitte durch ein Loch ziehen und beide Enden über der Möhre verknoten. So mit den restlichen Stoffstreifen verfahren. Ein stumpfer Zahnstocher ist zum Durchziehen des Stoffs durch die Löcher sehr hilfreich.
Den Reststoff mit Draht zu einer Schleife zusammenbinden und zwischen die Hasenohren kleben.

4 Den Hasen und die Möhre mit Draht verbinden und die Möhre oben mit Aufhängedrähten versehen. Die oberen Drähte werden mit Buchsbaum umwickelt. Die Drahtenden spiralförmig biegen.

5 Für den Ständer einen Zinkeimer im Rust-finish bearbeiten und mit Sand oder Erde füllen.
Ca. 15 cm vom Ende des Besenstiels ein 10 mm dickes Loch bohren und den Rundstab ca. 10 cm hindurchschieben. Auf das Besenstielende die Holzscheibe und auf die Rundstabenden die Kugeln aufsetzen und festkleben.

6 Den Besenstiel in den Sandeimer stellen und den Sand mit Dekoreisig bedecken. Die Möhre mit dem Hasen an den Rundstab knoten. Zum Abschluss den Zweig aus Dekoreisig, die Buchsbaumgirlande und das Schleifenband locker um den Besenstiel und teilweise um den Rundstab legen. An einigen Stellen mit Draht festbinden. Die Drahtenden spiralförmig biegen. Wo sich die Rundstäbe treffen und am unteren Besenstielende je eine Schleife aus dem Dekoband binden.

Tipp: Der Hase eignet sich alleine prima als Türschild. Für die Aufhängung binden Sie die Drähte oben einfach zusammen.

MOTIVGRÖSSE
Gesamt: 135 cm x 40 cm
Hase: 33 cm x 18 cm

MATERIAL

- Sperrholz,12 mm stark, 35 cm x 20 cm
- Sperrholz, 4 mm stark, 10 cm x 15 cm
- Aluminiumblech, 0,8 mm stark, 10 cm x 30 cm
- Acrylfarben in Dunkelbraun, Rostbraun, Elfenbein und Terracotta
- Bohrer, ø 1,5 mm, 2,5 mm und 10 mm
- Papierdraht in Natur, ø 1 mm
- Blumendraht in Schwarz lackiert, ø 0,6 mm
- Schleifenband mit Draht verstärkt, in Natur kariert, 11 cm breit, 3,5 m lang
- künstliche Buchsbaumgirlande, 2 m lang
- Dekoreisig
- Baumwollstoff in Grün-Natur kariert, 25 cm x 20 cm
- 2 Holzkugeln, ø 30 mm mit einer Bohrung mit ø 10 mm
- Holzscheibe, 30 mm x 10 mm
- Holzbesenstiel, ca. ø 21 mm, 1,15 m lang
- Holzrundstab, ø 10 mm, 40 cm lang
- Zinkeimer, 10 Liter
- Sand oder Erde zum Befestigen des Besenstiels im Eimer

VORLAGEN-BOGEN 1B

Ostereier

→ zarte Farben und Rosteffekt

MOTIVGRÖSSE
Blaues Ei (ohne Stab):
9 cm x 13 cm
Rosa und grünes Ei
(ohne Stab): 7 cm x 11 cm

MATERIAL (PRO EI)

- Sperrholzreste, 6 mm stark, ca. 8 cm x 11 cm (2 x für das hellblaue Ei)
- Aluminiumblech, 0,3 mm stark, ca. 10 cm x 15 cm
- Acrylfarben in Hellblau, Hellgrün, Rosa und Elfenbein
- Bohrer, ø 3 mm
- Holzstab, ø 3 mm, 20 cm lang
- Feenhaarrest in Creme
- 4 bis 5 kleine, künstliche Zweige in Grasgrün

VORLAGENBOGEN 2A

Grünes und rosafarbenes Ei

1 Jeweils ein Ei aus dem Sperrholz aussägen. Aus dem Aluminiumblech ebenfalls die Eiform aussägen und gemäß den Vorlagen zerteilen. Für den Holzstab wird ein Loch unten ins Ei gebohrt.

2 Die Holzeier anmalen und leicht mit Elfenbein brushen. Die Blechteile im Rust-Finish bearbeiten. Dann die Blechteile einer Eiform auf Vorder- und Rückseite aufteilen und aufkleben. Den Holzstab einsetzen.

Blaues Ei

1 Zwei Eier aus dem Sperrholz aussägen. Ein Ei für den Holzstab mit einer Bohrung versehen und beide Eier hellblau anmalen und leicht mit Elfenbein brushen. Die Tupfen wie in der Abbildung mit einem Zahnstocher mit Elfenbeinfarbe auftupfen.

2 Aus dem Blech wird das große Ei ausgesägt und im Rust-Finish bearbeitet. Nun die Holzeier hinten und vorne auf das Blechei kleben. In der Bohrung den Holzstab befestigen.

3 Bei allen Eiern wird zum Schluss am Schnittpunkt des Holzstabs und des Eies auf jede Seite zwei oder drei grüne Zweige und eine Schleife aus Feenhaar aufgeklebt.

Tipp: **Für das rosafarbene und das grüne Ei sägen Sie zunächst das Blechei komplett aus, zersägen es dann gemäß der Vorlage in Streifen und teilen es in Vorder- und Rückseite für das Ei auf.**

Welcome

→ das ideale Türschild

MOTIVGRÖSSE
35 cm x 42 cm

MATERIAL
- Sperrholz, 12 mm stark, 25 cm x 30 cm
- Sperrholz, 4 mm stark, 30 cm x 20 cm
- Aluminiumblech, 0,8 mm stark, 20 cm x 30 cm
- Acrylfarben in Taubenblau, Rostbraun und Elfenbein
- Bohrer, ø 1 mm, 1,5 mm, 2,5 mm
- Bohrerschaft, ø 8 mm
- Papierdraht in Natur, ø 1 mm
- 3 Schweißdrahtstäbe, 2,5 mm stark, 27 cm, 31 cm und 35 cm lang
- Baumwollstoffrest in Blau-Beige kariert
- Reisigzweigreste
- Feenhaarreste in Natur
- 4 Nägel, 0,8 mm x 11 mm
- Holzleim
- 1 bis 2 Bilderhaken

VORLAGEN-BOGEN 2A

1 Aus dem 12 mm starken Holz die Gießkanne, aus dem 4 mm starken Holz das Schild, eine Blüte sowie zweimal die Blütenmitte und aus dem Aluminiumblech zwei weitere Blüten, eine Blütenmitte und die Gießkannenränder (oben und unten) aussägen.

2 Die Löcher gemäß den Vorlagen in der entsprechenden Größe bohren.

3 Alle Holzteile anmalen und die Blechteile im Rust-finish bearbeiten. Die Kanne wird mit Elfenbeinfarbe gebrusht. Am Ausgießer die hellen Punkte mit einem Zahnstocher aufbringen. Die hellen Holzteile werden in Rostbraun gebrusht.

4 Die einzelnen Kannenteile seitlich an den Rändern mit Holzleim einstreichen und auf einer glatten Oberfläche zusammenlegen, sodass die Verbindungslöcher für den Draht einander gegenüber liegen, und komplett trocknen lassen. Die Blechränder der Kanne aufkleben. Nun den Papierdraht durch die Löcher ziehen und jeweils auf der Rückseite miteinander fest verdrehen und flach biegen.

5 Den Schweißdraht nach ca. 5 cm beginnend sechsmal eng hintereinander um den Schaft eines 8 mm starken Bohrers wickeln. Das lange Ende des Drahtes in den gebohrten Löchern der Kanne verkleben, sowie das kurze Drahtende hinter den Blumen mit der Heißklebepistole festkleben.

6 Den Stoff in kleine ovale Stücke schneiden und die Blütenmitte mit dem Stoff auf den Blüten festkleben. Das Schild durch die Bohrungen aufnageln.

7 Zum Schluss die Kanne mit dem Feenhaar und den Reisigzweigen dekorieren. Auf der Rückseite noch ein bis zwei Bilderhaken befestigen, um die Kanne aufzuhängen.

Tipp: Sägen Sie die Gießkanne zunächst am Stück aus und zerteilen Sie diese erst danach in die einzelnen Stücke.

WELCOME

MY HOME
MY GARDEN

My Home is my Garden

→ für Gartenliebhaber

MOTIVGRÖSSE
ca. 30 cm x 1 m

MATERIAL

- Sperrholz, 12 mm stark, 25 cm x 30 cm
- Sperrholz, 6 mm stark, 20 cm x 15 cm
- Sperrholz, 4 mm stark, 10 cm x 20 cm
- Acrylfarben in Antikgrün, Dunkelbraun und Elfenbein
- Schleifenband mit Draht verstärkt in Natur kariert, 11 cm breit, 80 cm lang
- 2 Knöpfe in Braun, ø 2 cm
- Baumwollstoffrest in Grün-Natur kariert
- Dekoreisig
- Bastbandrest in Natur
- Paketband, ø 1,7 mm
- Kinderharke mit Holzstiel, 50 cm lang

VORLAGEN-BOGEN 2A

1 Aus dem 12 mm starken Holz das Schild, aus dem 6 mm starken Holz die Handschuhe und aus dem 4 mm starken Holz die zwei Herzen sowie den Baum aussägen.

2 Alles gemäß Abbildung anmalen. Die Herzen und der Baum und dessen Äste werden in Dunkelbraun gebrusht. Das grüne Holzschild wird in Elfenbein gebrusht. Die Handschuhe werden mit Dunkelbraun besprenkelt und ebenfalls mit Dunkelbraun gebrusht. Die Harke im Rust-finish bearbeiten.

3 Als Stulpe für die Handschuhe wird jeweils ein passender Stoffstreifen herumgeklebt und mit einer Schleife aus dem Paketband dekoriert. Auf die Handfläche einen kleinen Stoffrest kleben und mit einem Knopf dekorieren.

4 Nun alle Holzteile gemäß Abbildung auf die Harke kleben. Aus dem Dekoreisig einen langen Zweig wickeln, um das Schild legen und ebenfalls festkleben.

5 Aus dem Schleifenband eine Schleife, aus dem Bastband zwei Schleifen binden und diese wie in der Abbildung dekorieren und festkleben.

Tipp: Die Kinderharke ist oft farbig lackiert. Sie bekommen sie in den meisten Spielwarenabteilungen.

Bee my friend

→ fleißig wie die Bienen

MOTIVGRÖSSE
30 cm x 30 cm

MATERIAL
- Sperrholz, 6 mm stark, ca. 20 cm x 40 cm
- Sperrholz, 4 mm stark, ca. 3 cm x 30 cm
- Aluminiumblech, 0,3 mm stark, 20 cm x 30 cm
- Acrylfarben in Ockergelb, Maisgelb, Rostbraun und Dunkelbraun
- Bohrer, ø 1 mm
- Blumendraht in Schwarz lackiert, ø 0,6 mm
- Weiden- bzw. Reisigkranz, ø innen ca. 16 cm
- Dschungelmoosreste in Orange-Braun
- Feenhaarreste in Creme
- Juteschleife in Creme, 6 cm breit, 1 m lang
- Nägel, 0,8 mm x 6 mm

VORLAGENBOGEN 2B

1 Das Bienenhaus aus dem dickeren, die sechs Bienenkörper aus dem dünneren Sperrholz und die sechs Flügel, das Einflugsloch und das Schild aus dem Aluminiumblech aussägen. Jeweils die Löcher in das Blechschild und in das Bienenhaus bohren. Ebenso werden die Löcher in die Bienenflügel gebohrt.

2 Die Blechteile im Rust-finish bearbeiten. Nach dem Trocknen alles wie abgebildet anmalen und beschriften. Das Bienenhaus wird in Dunkelbraun besprenkelt und gebrusht.

3 Die kurzen Seite des Blechschildes mit einem dünnen Stift etwas aufrollen und mit dem Blumendraht an das Bienenhaus hängen.

4 Nach dem Trocknen werden die Flügel vorsichtig auf die Bienenkörper genagelt. Die Flügel können nun etwas hoch gebogen werden. Die Bienchen auf das Bienenhaus kleben.

5 Das Juteband um den Kranz schlingen und das Bienenhaus und die mit etwas Feenhaar unterlegten Bienchen auf den Kranz kleben. Das Einflugloch des Bienenhauses mit etwas Dschungelmoos dekorieren und festkleben.

Tipp: Wer möchte, kann den Bienchen aus lackiertem Draht noch ein paar Fühler biegen und sie unter den Köpfen festkleben.

GARDEN
Tagetes
hohe Mischung
KIEPENKERL
COLLECTOR

Garden Collector

→ als Deko oder zum Aufbewahren von kleinen Gartenutensilien

MOTIVGRÖSSE
62 cm x 38 cm
(ohne Aufhängung)

MATERIAL
- 4 Holzplatten, ungehobelt, ca. 62 cm x 9,5 cm
- Aluminiumblech, 0,3 mm stark, 30 cm x 65 cm
- Holzschutzlasur
- Bohrer, ø 1 mm
- Reisigholzreste
- Feenhaarreste
- 64 Nägel, 0,8 mm x 11 mm
- 2 Krampen-Nägel (u-förmig gebogene Metallstifte)
- Hanfseil, ø 8 mm, 90 cm lang
- beliebige Samentüte
- Tontopfscherben
- Bund künstliche Lavendelblüten
- Garten- oder Arbeitshandschuh für Kinder
- Holzleim

VORLAGEN-BOGEN 3A

1 Vier Taschen und zwei Schilder aus dem Aluminiumblech ausschneiden.

2 Alles gemäß Angabe bohren und anschließend im Rust-finish bearbeiten. Nach dem Trocknen mit einem Gelstift die Beschriftung und die Verzierungen anbringen.

3 Die einzelnen Bretter mit der Holzschutzlasur streichen, trocknen lassen und anschließend wie in der Abbildung miteinander verleimen. Am besten spannt man die Bretter mit Schraubzwingen fest.

4 An den Enden des Hanfseiles wird jeweils ein Knoten gemacht. Das Seil wird dann mit den Krampen oberhalb des Knotens gemäß Abbildung befestigt.

5 Nun werden die Schilder aufgenagelt. Die Taschen werden zunächst etwas gewölbt und anschließend ebenfalls aufgenagelt.

6 Zum Schluss werden alle Taschen und die Schleifen wie auf der Abbildung dekoriert.

Tipp: Sie können die einzelnen Bretter auch mit zwei Querbrettern auf der Rückseite zusätzlich verleimen.

MOTIVGRÖSSE
ca. 40 cm x 60 cm

MATERIAL

- Sperrholz, 6 mm stark, 20 cm x 60 cm
- Aluminiumblech, 0,8 mm stark, 20 cm x 60 cm
- Acrylfarben in Dunkelbraun, Rostbraun, Grün, Mittelgelb und Elfenbein
- Papierdraht in Natur, ø 1 mm
- Bohrer, ø 1,5 mm
- Blumendraht in Dunkelbraun, ø 0,4 mm
- Schleifenband mit Draht verstärkt in Natur kariert, 4 cm breit, 1 m lang

Hallo, liebe Igel!

→ hier wohnt eine nette Familie

- Mistelzweig-Girlande, ø ca.1 cm, 1 m lang
- Dekoreisig
- 2 kleine Ringschrauben

VORLAGEN-BOGEN 2B

1 Aus dem Holz das Blatt, den Grundkörper für das kleine Igelkind und für den großen Igelpapa, sowie zweimal die Stacheln für die Igelmama (mittlere Größe) aussägen. Aus dem Aluminiumblech je zweimal die Stacheln für das Igelkind und den Igelpapa, sowie den Grundkörper für die Igelmama aussägen. Die Bohrungen wie angegeben arbeiten.

2 Die Blechteile im Rust-finish bearbeiten. Alle Teile gemäß Abbildung anmalen. Das Blatt wird mit Mittelgelb gebrusht, die Holzkörper werden mit Dunkelbraun gebrusht, ebenso werden die Blechteile mit Rostbraun bzw. mit Elfenbein gebrusht.

3 Bei der Igelmama werden jetzt die Aufhängedrähte durch das Loch gezogen. Bei dem Igelpapa und dem Igelkind wird jeweils eine kleine Ringschraube oben in den Körper geschraubt. Nun können alle Teile gemäß Abbildung zusammengeklebt werden. Darauf achten, dass die Stacheln der zwei Deckplatten deckungsgleich aufgeklebt werden. Jetzt werden auch Igelpapa und Igelkind an einem Draht befestigt. Das Blatt mit der Igelmama verbinden. Der Draht wird unter dem Stachelkörper befestigt.

4 Aus dem Reisigholz wird ein ca. 60 cm langer Zweig geformt und mit dem dünnen Blumendraht umwickelt. Alle drei Igel werden an dem Reisigzweig mit dem Aufhängedraht festgeknotet. Die Drahtenden spiralförmig biegen.

5 Zum Aufhängen wird an der Rückseite aus dem braunen Blumendraht eine Aufhängelasche gebogen. Nun wird das Schleifenband in zwei gleich große Stücke geteilt, jeweils eine Schleife daraus gebunden und rechts und links am Reisigzweig festgeklebt.

6 Zum Schluss die Mistelgirlande locker um den Dekoreisigzweig winden und das Blatt mit dem Familiennamen beschriften.

Tipps: **Hat Ihre Familie weitere Familienmitglieder? Dann sägen Sie doch einfach mehr Igelkinder aus oder wenn Sie nur zu zweit sind, lassen Sie doch das Igelkind weg und die großen Igel könnten sich anschauen.**

Apfel- & Birnen-Laterne

→ stimmungsvoll beleuchtet

MOTIVGRÖSSE
Apfellaterne:
18 cm x 16 cm x 13 cm
Birnenlaterne:
22 cm x 14 cm x 12 cm

VORLAGEN-BOGEN 1A

MATERIAL
- Sperrholz, 6 mm stark, 30 cm x 60 cm (für Apfellaterne), 25 cm x 30 cm (für Birnenlaterne)
- Massivholz, 18 mm stark, 13,5 cm x 11 cm (nur Birnenlaterne)
- Metallgitter, Drahtstärke 1 mm, Maschenweite 7,5 mm, 13 cm x 13 cm (für Apfellaterne), 11 cm x 16 cm (für Birnenlaterne)
- Acrylfarben in Tannengrün und Hellgrün
- Papierdraht in Natur, ø 1 mm
- Baumwollstoffrest in Grün-Natur gestreift
- Reisigholzreste
- je ein Teelichtglas mit Teelicht
- Holzleim

Abbildung auch auf Seite 1.

Apfel-Laterne

1 Alle fünf Platten aus dem Sperrholz aussägen; die Vorderseite mit Apfelausschnitt und die gleiche Vorlage nochmals ohne Ausschnitt.

2 Alle Teile in Tannengrün anmalen und mit hellgrüner Farbe brushen. Das Gitter im Rust-finish bearbeiten und auf die Rückseite des Apfelausschnittes mit einer Heißklebepistole aufkleben.
Nun werden zunächst die Vorder- und Rückseite mit den Seitenwänden verleimt. Nach dem Trocknen wird die Bodenplatte genauso befestigt.

Birnen-Laterne

1 Aus Sperrholz eine Vorlage mit Birne und die gleiche Vorlage ohne Birne aussägen. Das Metallgitter im Rust-finish bearbeiten.

2 Hinter dem Birnenausschnitt wird das Metallgitter mit der Heißklebepistole befestigt. Die beiden Platten auf die Längsseiten des Massivholzstücks leimen.
Alles in Hellgrün anmalen und mit tannengrüner Farbe brushen.

3 Ein Stück Stoffrest, das die Bodenfläche der Laterne bedeckt, darauf festkleben und ein Teelichtglas mit dem Teelicht wiederum hier aufkleben.

4 Aus dem Reisigholz ein Bündel machen und eine Schleife aus dem Stoffrest mit dem Papierdraht zusammenbinden und die Enden des Drahtes spiralförmig biegen.

5 Zum Schluss die Schleifen gemäß Abbildung auf die Laternen kleben.

Tipps: **Das Gitter für die Laternen bekommen Sie im Baumarkt. Kerzen mit Apfel- oder Birnenduft verleihen Ihrer Laterne eine besondere Note.**

Spook to me

→ freundlich schaurig

1 Das Rechteck für das Schild aus dem dicken, das Gespenst aus dem dünnen Sperrholz sowie die Fledermaus, das Herz und den Katzenkörper aus dem Blech aussägen. Alle Löcher bohren.

2 Das Schild wird wie abgebildet bemalt und beschriftet. Die Karo-Linien werden nach dem Trocknen mit einem schwarzen Gelstift aufgemalt. Die Kanten werden mit Dunkelbraun gebrusht.

3 An den Drahtenden des Aufhängedrahtes wird je eine Schleife aus dem Baumwollstoff gebunden und gemäß Abbildung angeklebt.

4 Das Gespenst ebenfalls anmalen, mit dem Schriftzug versehen und am Rand leicht mit Hellgrau brushen. Der Mund wird mit einem Zahnstocher und etwas Orange aufgetupft. Die Fledermaus, die Katze und das Herz werden im Rust-finish bemalt.

5 Nun werden Katze, Gespenst und Herz mit dem Blumendraht angedrahtet und mit dem Schild verbunden. Für die Fledermaus wird der Draht doppelt gelegt und in dem mittleren Loch in der oberen Reihe befestigt. Den Draht locker spiralförmig biegen.

MOTIVGRÖSSE
ca. 25 cm x 40 cm

MATERIAL
- Sperrholz, 12 mm stark, 15 cm x 25 cm
- Sperrholz, 6 mm stark, 12 cm x 12 cm
- Aluminiumblech, 0,8 mm stark, 20 cm x 40 cm
- Acrylfarben in Orange, Weiß, Hellgrau und Dunkelbraun
- Bohrer, ø 1 mm
- Blumendraht in Schwarz lackiert, ø 0,6 mm
- Stoffrest in Schwarz-Weiß kariert

VORLAGENBOGEN 3A

Every Birdies welcome

→ freundliche Vogelscheuche

MOTIVGRÖSSE
51 cm x 40 cm x 27 cm

MATERIAL
- Sperrholz, 12 mm stark, 85 cm x 45 cm
- Sperrholz, 6 mm stark, 35 cm x 20 cm
- Sperrholz, 4 mm stark, 25 cm x 10 cm
- Aluminumblech, 0,8 mm stark, 8 cm x 20 cm
- Acrylfarben in Elfenbein, Hautfarbe, Mittelblau, Terracotta, Ockergelb, Rostbraun, Dunkelbraun und Schwarz
- Bohrer, ø 1 mm, 3 mm und 6 mm
- Blumendraht in Schwarz lackiert, ø 0,6 mm, 15 mm lang
- 3 Holzdübel, ø 6 mm, 2 cm lang
- Holzrundstab, ø 3 mm, 5 cm lang
- Stoff in Blau-Beige kariert, ca. 17 cm x 17 cm
- Naturbastrest in Natur
- kleine Laterne, ca. 8 cm x 8 cm x 20 cm
- Heuballen, 12 cm x 7 cm x 5 cm
- Holzleim

VORLAGENBOGEN 3B

1 Für die Bodenplatte zwei 12 mm dicke Sperrholzplatten (30 x 40 cm) miteinander verleimen, trocknen lassen und die Platte gemäß Vorlage aussägen.

2 Den Körper aus dem 12 mm dicken Holz, die Arme, die Hand, die Hutkrempe und den Vogel aus dem 6 mm dicken und die Nase sowie die Schuhe aus dem 4 mm dicken Holz aussägen. Das Schild aus dem Alublech aussägen. Die Löcher gemäß den Vorlagen bohren. Die Bohrung von 6 mm in der Laternenhand beidseitig nicht ganz durchbohren.

3 Alle Teile gemäß der Abbildung anmalen. Die Linien des Karomusters beim Hemd werden zunächst mit wenig Farbe dünn vorgemalt und anschließend darüber gebrusht. Die Hose, den Hut, die Hutkrempe in Dunkelbraun, die Schuhe in Elfenbein und die Hände, das Gesicht und die Wangen in Terracotta brushen. Das Alublech und die Laterne im Rust-Finish bearbeiten.

4 Einen Holzdübel in die Bohrung des Armes für die Laterne sowie in der halbdurchgebohrten Hand verleimen. Durch die Bohrungen an den Oberarmen zur Dekoration den lackierten Blumendraht ziehen, auf der Rückseite festkleben und vorne spiralförmig biegen.

5 Für das Halstuch den Stoff zum Dreieck falten, um den Hals legen und auf der Rückseite festkleben.

6 Nun auch alle anderen Holzteile gemäß Abbildung und Vorlage zum Teil mit Bast dekorieren und verleimen. Mit den Dübeln wird die Vogelscheuche nun mit der Bodenplatte verleimt. Für die Befestigung des Vogels wird ein Zahnstocher in der Bohrung verleimt. Zum Schluss den Heuballen auf der Bodenplatte festkleben, den Vogel und das Schild in den Heuballen stecken und die Laterne an den Arm hängen.

Achtung: Wegen der Brandgefahr unbedingt auf den Abstand der Laterne zum Holz und zum Heuballen achten!

EVERY
BIRDIES
WELCOME

MOTIVGRÖSSE
35 cm x 37 cm

MATERIAL
- Sperrholz, 12 mm stark, 25 cm x 45 cm
- Sperrholz, 6 mm stark, 15 cm x 20 cm
- Aluminiumblech, 0,8 mm stark, 15 cm x 35 cm
- Acrylfarben in Sand, Mittelbraun, Rostbraun und Rot
- Bohrer, ø 1 mm und 2 mm
- Blumendraht in Schwarz lackiert, ø 0,6 mm
- Papierdraht in Natur, ø 1 mm
- 3 Plätzchen-Ausstechformen aus Metall, ca. 7 cm x 7 cm
- 3 Knöpfe in Herzform in Rot, ca. 1,5 cm groß
- Knopf in Hellbraun, ø 2 cm
- Batistspitze in Weiß, 2 cm breit, 10 cm lang
- Stoffrest in Rot-Weiß kariert
- 2 Bilderhaken

VORLAGEN-BOGEN 4B

Cookies anyone

→ Lust auf Weihnachtsbäckerei?

1 Aus dem dicken Sperrholz wird das Lebkuchenpärchen und aus dem dünnen Holz werden die vier Arme ausgesägt. Das Schild aus dem Blech aussägen. Bohrungen gemäß Vorlagen arbeiten.

2 Das Schild und die Ausstechformen im Rust-finish bearbeiten. Alle Teile wie in der Abbildung anmalen, sowie das Schild beschriften. Die Kanten des Lebkuchenpärchens werden in Mittelbraun und in Rostbraun gebrusht. Der Körper wird in Mittelbraun gesprenkelt. Die weißen Zierlinien entlang der Kanten des Pärchens werden mit einem wasserfesten, weißen Filzstift gezeichnet.

3 Für die Lebkuchenfrau eine Schleife binden und am Kopf festkleben, ebenso die Batistspitze festkleben. Für das Lebkuchenmännlein den großen Knopf am Hals festkleben.

4 Nun wird durch die Bohrungen zur Zierde an den Armen ein Stück schwarz lackierter Blumendraht gezogen, auf der Rückseite verklebt und vorne spiralförmig gebogen.

5 An die Ausstechformen wird mit dem naturfarbenen Papierdraht eine Schleife aus dem karierten Stoffrest gebunden und wiederum mit einem Stoffstreifen befestigt. Das obere Ende des Stoffstreifens wird ca. 2 cm nach hinten umgeschlagen. Vorne jeweils einen Herzknopf darauf kleben und alles zusammen mit dem Papierdraht durch die Löcher von hinten festknoten.

6 Zum Schluss das Lebkuchenpärchen mit dem Schild und den vier Armen wie in der Abbildung zusammengekleben.

7 Zum Aufhängen auf der Rückseite der Lebkuchenmännchen zwei Bilderhaken befestigen.

Tipp: Die Knöpfe können Sie vor dem Aufkleben mit Faden verzieren.

COOKIES ANYONE

MOTIVGRÖSSE
1 m x 50 cm x 20 cm

MATERIAL

- Massivholz, 30 mm stark, 20 cm x 30 cm
- Massivholz, 18 mm stark, 95 cm x 18 cm
- Sperrholz, 12 mm stark, 40 cm x 45 cm
- Sperrholz, 4 mm stark, 40 cm x 25 cm
- Sperrholz, 6 mm stark, 40 cm x 25 cm
- Aluminiumblech, 0,8 mm stark, 40 cm x 40 cm
- Acrylfarben in Hellgrau, Weiß, Mittelgelb, Taubenblau, Orange und Rostbraun
- Bohrer, ø 1 mm und 8 mm
- Blumendraht in Schwarz lackiert, ø 0,6 mm, 50 cm lang
- Holzdübel, ø 8 mm, 40 mm lang
- 12 Nägel, 0,8 mm x 11 mm
- Schleifenband in Blau, 2,5 cm breit, 1 m lang
- Dekoreisigrest
- 3 Bund Schneezweige, ca. 1 m lang
- Holzleim

VORLAGEN-BOGEN 4A

Lustige Schneemänner

→ hier kann man die Schneehöhe ablesen

1 Aus dem Blech vier Pfeile und die drei kleinen Schilder aussägen. Aus dem 12 mm dicken Sperrholz die Grundfiguren der Schneemänner, aus dem 4 mm dicken Sperrholz alle Zubehörteile für die Schneemänner, sowie die Schneeflocken aussägen. Aus dem 6 mm starken Sperrholz die großen Holzschilder aussägen. Für den Ständer wird die gestrichelte Linie in der Vorlage soweit verlängert, bis die Zaunlatten jeweils eine Gesamtlänge von 95 cm ergeben. Diese werden dann aus dem 18 mm starken Massivholz ausgesägt.

2 Die 30 mm starke Bodenplatte und die Zaunlatten mit dem 8 mm Bohrer bohren. Evtl. können nach Wunsch die Kanten an der Bodenplatte gebrochen werden. Den Herzanhänger für den Schneemann, sowie die Bohrungen für die Nägel an den Blechschildern bohren.

3 Die Zaunlatten werden mit den Dübeln auf der Bodenplatte mittig parallel zur Längskante verleimt. Der Abstand beträgt zum Rand der kürzeren Seite jeweils 3 cm.

4 Alle Blechteile im Rust-Finish bearbeiten und nach dem Trocknen beschriften. Alle Holzteile wie in der Abbildung anmalen. Die Zaunlatten, die Mütze, die Schilder und die Schneemannhüte werden in Weiß gebrusht. Die Schneemannnasen, der kleine Stern am Hut, sowie die weißen Körper werden leicht in Braun gebrusht. Ebenso werden die Schneeflocken in Grau gebrusht .

5 Nun alle Teile gemäß Abbildung zusammenkleben. Das Herz mit dem Blumendraht anbringen. Bei den Pfeilen auf den Höhenstand achten.

6 Zum Schluss aus dem Dekoband eine Schleife binden und mit dem Dekoreisig festkleben, ebenso die Zweige auf der Rückseite festkleben.

Tipp: Nehmen Sie anstatt der Schneezweige Birkenreisig und sprühen diese mit Schneespray ein.

Die Bodenplatte kann man sich in den meisten Baumärkten nach Maß zuschneiden lassen.

WANN
70 cm
60 cm
SCHNEIT'S
35 cm
25 cm
ENDLICH

MOTIVGRÖSSE
ca. 12 cm x 15 cm

MATERIAL
- Sperrholz, 4 mm stark, 20 cm x 30 cm
- Aluminiumblech, 0,8 mm stark, 30 cm x 45 cm
- Acrylfarben in Rostbraun und Elfenbein
- Bohrer, ø 2 mm
- Papierdraht in Natur, ø 1 mm
- Schleifenband mit Draht verstärkt in Rot kariert, 1,5 cm breit, 1,5 m lang
- Schleifenband in Rot kariert, 5 mm breit, 2,5 m lang
- Schleifenband in Rot, 3 mm breit, 0,5 m lang

VORLAGEN-BOGEN 4B

Süße Lebkuchen

→ Weihnachtsbaumschmuck

1 Die Mandelform in der benötigten Anzahl aus dem Holz und die jeweiligen Grundformen aus dem Blech aussägen. Alle Teile gemäß Angabe bohren. Die Blechteile im Rust-finish bearbeiten und nach dem Trocknen an den Rändern mit Elfenbein etwas brushen. Das Gesicht des Lebkuchenmannes mit einem Gelstift aufmalen.

2 Die Mandeln werden in Rostbraun gebrusht und anschließend gemäß Abbildung beidseitig auf die Blechteile geklebt.

3 Nun wird das Schleifenband und der Dekodraht in jeweils fünf gleich große Stücke geschnitten. Das schmale karierte Band wird als Aufhängeband durch die Blechteile gezogen. Um dieses Band wird in der Hälfte noch eine Schleife aus dem breiten karierten Band mithilfe des schmalen, roten Bandes und dem Dekodraht gebunden.

Tipp: Legen Sie drei gleich große Stücke Holz übereinander und nageln sie zusammen. Jetzt können Sie eine Mandelform gleich dreimal aussägen.

Snow

→ frostiger Fensterschmuck

MOTIVGRÖSSE
ca. 8 cm x 80 cm

MATERIAL
- Sperrholz, 4 mm stark, 30 cm x 10 cm
- Aluminiumblech, 0,8 mm stark, 30 cm x 10 cm
- Acrylfarben in Mittelblau, Orange und Weiß
- Bohrer, ø 1 mm
- Blumendraht in Schwarz lackiert, ø 0,6 mm, 1,5 m lang

VORLAGENBOGEN 3A

1 Die Schneeflocken und das Schneemanngesicht aus dem Sperrholz und die Buchstaben aus dem Aluminiumblech aussägen. Alles wie vorgegeben bohren.

2 Die Blechteile im Rust-finish bearbeiten und die Holzteile wie abgebildet anmalen. Die Schneeflocken werden am Rand mit Weiß gebrusht und das Gesicht wird am Rand mit Mittelblau gebrusht.

3 Zum Schluss alle Teile mit dem lackierten Blumendraht verbinden und wie in der Abbildung zu sehen, wird der Draht dazwischen spiralförmig gebogen. Am Anfang der Kette aus dem Draht eine Aufhängeschlaufe biegen.

Tipp: Wer möchte, arbeitet das Schneemanngesicht doppelt.

MOTIV-GRÖSSE
25 cm x 30 cm

MATERIAL
- Sperrholz, 4 mm stark, 15 cm x 10 cm
- Aluminiumblech, 0,8 mm stark, 20 cm x 30 cm
- Acrylfarben in Rotwein, Ockergelb, Elfenbein und Rostbraun
- Bohrer, ø 2 mm
- Paketband, ø 1,7 mm
- Bastrest in Natur
- Dekoreisigrest

VORLAGENBOGEN 4B

Handschuh-Kette

→ kuschelig warm

1 Das Herz und den Stern aus dem Sperrholz und den Handschuh zweimal aus dem Aluminiumblech aussägen. Alle Löcher bohren.

2 Die Blechteile im Rustfinish bearbeiten und mit Elfenbein brushen. Die Stulpe des Handschuhs und die Handschuhe selbst anmalen. Nun auch die Holzteile anmalen und mit Rostbraun bzw. Elfenbein brushen. Die Holzteile auf den Handschuh kleben.

3 Das Paketband wie angegeben unterschiedlich lang durch die Löcher der Handschuhe ziehen und durch Knoten sichern.

4 Zum Schluss aus dem Dekoreisig sowie aus dem Bast jeweils eine Schleife formen. Das Paketband am oberen Ende mit dem Dekoreisig verbinden und die Bastschleife darauf festkleben.

Tipp: Statt der Acrylfarbe in Rostbraun können Sie auch die Patina-Farbe von der Rust-finish-Bearbeitung benutzen.

DIESES BUCH ENTHÄLT 4 VORLAGENBOGEN

IMPRESSUM

FOTOS: frechverlag GmbH, 70499 Stuttgart; Fotostudio Ullrich & Co., Renningen
DRUCK: frechdruck GmbH, 70499 Stuttgart

Auflage: 5. 4. 3. 2. 1.
Jahr: 2008 2007 2006 2005 2004 [Letzte Zahlen maßgebend]

ISBN 3-7724-3257-3
Best.-Nr. 3257